ये आँखें मरवायेंगी

Varun Sharma

BookLeaf Publishing
India | USA | UK

Presentation by *BookLeaf Publishing*

Web: www.bookleafpub.com

E-mail: info@bookleafpub.com

ISBN:9789363313088

First edition 2024

ये आँखें मरवायेंगी...

अनजान थी महफ़िल, जाने क्यों अपनी सी लगने लगी।

वो एक नज़र जाने क्यों यूँ तकने लगी।

उन नज़रों से हमें इस्तकबाल आया,

होश खो रहे हैं हम दिल में ये ख़याल आया।

लगा चख ली है पुरानी हाला हमनें,

या पीली है सारी मधुशाला हमनें।

हुस्न का जाम आँखों से पी डाला हमने,

खैर...... बमुश्किल ख़ुद को संभाला हमने।

उन आँखों में मदहोशी थी, अधरों पे खामोशी थी।

मुझपे छायी बेहोशी थी, आखिर...ये नज़रें ही तो दोषी थीं।

चल पड़े हैं तेरे पीछे हम, ना जाने कहाँ ले जाएँगी।

इक दिन इस दीवाने को "ये आँखें मरवायेंगी"।

वीराना सा सफर सजने लगा था।
तराना कोई दिल में बजने लगा था।
न जाने कब ये शब, उजली सी सहर हो गई।
वो अजनबी हसीना अब हम-सफ़र हो गई।
उसकी अपलक निगाहें, काँपते होंठों का स्पंदन,
उसकी भोली सी सूरत, कानों में पड़ा कुंदन,
गुदगुदाती अदाएं कैद कर रही थी मुझे
न जाने कैसा था ये अटूट बंधन।
वक्त बहता गया, कारवाँ बढ़ता गया,
राही...हमराह ना रहे, बन गया एक रिश्ता नया।

कई मर्तबा आँखें बन्द कर भुलाना चाहा हमनें,
कमबख़्त बंद आँखों में भी दीदार-ए-यार था।
अथक आँखों से देखती रही हमें सोते हुए,
उसकी इस खामोश लोरी के आगे में लाचार था।
आँख खुली तो फिर वही एक जोड़ी आँखें,
आँखे वहीं, पर उनमें मायूसी की कारा थी।
चंचलता अश्कों के साथ धुल चुकी थी सारी,
गालों पे बहती निरंतर अश्रुधारा थी।

यहीं तक था सफर तुझ हम-सफ़र के साथ,
शायद ये आखिरी पड़ाव है।
मिट नहीं पायेंगी ये यादें दिल से,
जाने ये कैसा लगाव है।
हमारी राहें होने को थी जुदा, अलविदा!! अलविदा!!
कमबख़्त ने नम आँखों से मुड़कर देख डाला।
दिल से आवाज़ आई "इन आँखों ने मार डाला।"

ख़ुदरंग

मैं ख़ुदरंग हूँ..
किसी रंग में ना रंगा जाऊँगा..
बेलोस हूँ, बागी हूँ...
बेड़ियों में ना बाँधा जाऊँगा...

अपनी ही धमक और हनक में आप जीता हूँ मैं।
वो किरदार हूँ जो किसी फनकार से ना निभाया
जाऊँगा...

मैकदा ख़ुद हूँ मैं...
किसी नशे में ना डुबोया जाऊँगा...
ये होश-ओ-हवाश तुझे मुबारक...
मैं तो यूँ ही बदहवाश गुज़र जाऊँगा...

अजीब दौर है, वफाओं का इम्तिहान हर
कदम पर यहाँ...
मैं ख़ुद मैयार हूँ...
कसौटी पे क्या कसा जाऊँगा?

अपनी ही हिलौर पे सवार,
मगन हूँ, किसी की बेमिशाल आँखों में...

दम-ब-दम जज़्ब हो रहा हूँ मैं, इस कदर
कि इक दिन लील लिया जाऊँगा...
मैं लील लिया जाऊँगा...

मैं ख़ुदरंग हूँ...
किसी रंग में ना रंगा जाऊँगा...

नैना

तेरे नैना…
ये कजरारे, नशीले नैना
प्यार से तकते, रसीले नैना
ये मदहोश से, ज़हरीले नैना
ये कातिल हैं, तेरे हठीले नैना
शरारत से भरे, बोलते से नैना
अधखुले से, राज़ खोलते से नैना
पलकों के साये में कुछ छुपाते नैना
ये तरसते से, तड़पाते नैना
शरगोशी करते, इतराते नैना
थिरकते से, नाच-नचाते नैना
कभी रोते, कभी मुस्कुराते नैना
एक-टक निहारते, दीवाना बनाते नैना
कभी मिलाते तो कभी नज़रें चुराते नैना
कभी छेड़ते तो, कभी ये सताते नैना
ये प्यासे से, बरसते नैना

बावरे से, ये तपते नैना
कुछ सुनते, कुछ कहते से नैना
दरिया की तरह बहते से नैना
सतरंगी से, रंग बिखेरते नैना
समझाते, ईशारे करते ये नैना
पल-पल भेष बदलते नैना
जादू चलाते, ये ठगते नैना
ये फिसलते, ये मचलते नैना
कभी बहकते, कभी सम्भलते नैना
खोये-खोये, ख़्वाब संजोते नैना
जागे-जागे से, सोते नैना
बेकरार से, हैरान नैना
बेसबब, तेरे परेशान नैना
बुझे-बुझे, चमकते से नैना
उलझे-उलझे, सुलझते से नैना
कभी चहकते, कभी थके-थके नैना
ये पागल से, बहके-बहके नैना
कभी पथराये से, बंजर नैना
कभी चुभते से, खंजर नैना
समंदर से भरे तेरे नीले-गहरे नैना
भीगे-भीगे से, अश्कों से भरे नैना
कभी उजालों से कभी अँधेरों से घिरे नैना
कुछ ढूँढते से, बोझिल से, अधूरे नैना
आधा-खाली पैमाना है...ये तेरे नैना
भर दूँ इन्हें, मेरा निशाना है...तेरे नैना
मेरे दिल में उतरते, नैनों में बसते नैना
मुझे अपना बनाते, शिकंजे में कसते नैना
एक दूजे में डूबते ये दो जोड़ी नैना...
ये मेरे नैना...ये तेरे नैना।।

जी करता है...

जी करता है, तेरी बाँहों में सिमट कर ख़ुद को भूल जाऊँ मैं।

जी करता है, तेरे कानों की बाली से झूला झूल जाऊँ मैं।

तेरी आँखों में बसूँ, तेरे कारे-काजल में घुल जाऊँ मैं।

तू रो भी ना सके ये सोच कर कि कहीं अश्कों में ना धुल जाऊँ मैं।

जी करता है, छा जाऊँ तेरे होंठों पर हँसी बनकर।

ज़ब्त कर लूँ तेरे सारे दर्द, मिल जाऊँ तुझे हर खुशी बनकर।

जी करता है, बँया करूँ दास्तान-ए-दिल किसी रात की ख़ामोशी बनकर।

घुल जाऊँ तेरे लहू के दरमियान, मैं इश्क की मदहोशी बनकर।

जी करता है, खेलूँ तेरी घनी, काली, रेशमी ज़ुल्फ़ों के साथ

जी तो करता है, डूब जाऊँ तेरी आँखों की गहराइयों में कभी पलकों पे सजूँ, कभी सुर्ख होंठों को छू लूँ

"

कभी बाँहों में भर लूँ तुझे, और कभी थाम लूँ इन रातों
की तन्हाइयों में
आकर अपनी गोरी बाँहों का हार पहना दो हमें।
अपनी नशीली आँखों के पैमाने में डुबा दो हमें।
आँचल में छुपा लो, अपनी ख़ुशबू से महका दो हमें।
सँभालो मेरे होश को, लेकिन पहले बहका दो हमें।
लोग मरते होंगे इश्क में, हम तो जीना चाहते हैं,
अपनी यादों के सहारे जीना सिखा दो हमें।

साया

यूँ तो शख़्स कई मिले राह-ए-ज़िंदगी में,
पर तुम सा कोई हमराह ना मिला।
यूँ तो नज़र आते हो हमसे जुदा,
पर गौर से देखा तो साया अपना ही मिला।
यूँ तो साया मिट जाता है घनी-अँधेरी राहों में।
पर तू प्रतिबिम्ब है कैसा, जो बिम्ब को भर लेता बाँहों में।
चलता हूँ तो, चलते हो, रुकता हूँ, रुक जाते हो।
मेरा साया भी खो जाये, पर तुम साथ हमेशा आते हो।
सुना कभी बहुतेरों के मुँह, इन्द्रधनुष सा है जीवन।
माना यह सतरंगी है पर, वक्रित भी तो है जीवन।
इस आरोही-अवरोही पथ पर, दूर अगर मैं निकल गया।
चलते-चलते दुर्गम पथ पर, अगर कहीं मैं फिसल गया।
हाथ थाम लेना तुम आकर, मुझको ना गिरने देना।
क्षत-विक्षत हो जाये मन तो, भाई मेरे बुन देना।

एक शख़्स है...

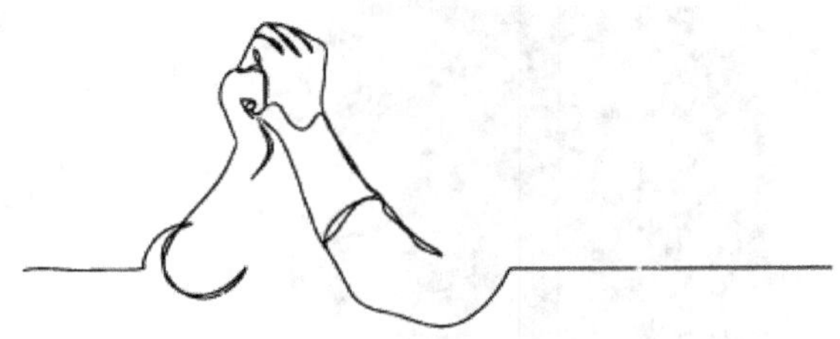

एक शख़्स है...
जो मेरी ज़िंदगी को कुछ आसान कर देता है।
मुझे मेरे होने का अहसास कराता है।
ज़िंदगी के हर इम्तिहान में मुझे जो पास करा देता है।
मेरी मामूली सी ज़िंदगी को कुछ खास बना देता है।

वो यार है मेरा...
मेरी ख़ामोशियों को बखूबी पढ़ लेता है वो,
मुझे बहलाने को कहानियाँ भी गढ़ लेता है वो,
मेरी हर कमी को अपनी खूबियों से ढक लेता है वो,
मेरी खुशी में जी भर चहक लेता है वो।

एक डोर है...
जो जोड़ती है हमारी ज़िंदगी को,
बाँधती है हमारी बेचैनियों को,
मिलाती है हमारे मनों को, और
पिरोती है ज़िंदगी के हसीन पलों को

वो एक अक्स है...
जो आईना बन मेरा असली चेहरा दिखाता है मुझे।
कभी साया बन घनी धूप से बचाता है मुझे।

कभी माँझी बन तूफ़ानों में पार लगाता है मुझे।
बिना कोई शर्त वो अपनाता है मुझे।
एक शख़्स है...वो यार है मेरा...

मेरे तरसे नैनों को यार का दीदार करा दो...

वो ठण्डी सर्द शाम, वो गुरुद्वारे का ज़र्द जीना।
वो सादा पटियाला, माथे का पल्लू, हाथों की हीना।
कहीं तबले की धन-धन, कहीं पायल की रून-झुन।
कहीं चूड़ी की खन-खन, कहीं कीर्तन की गुन-गुन।
हे रब्बा! उस नाज़नीन को तुम मेरा बना दो।
मेरे तरसे नैनों को यार का दीदार करा दो।

होली के रंग हो या दिवाली के पटाखे।
हर ज़र्रे-ज़र्रे में तुझे ढूँढें मेरी आँखें।
लोहड़ी का गिद्दा हो या डाँडिया की मस्ती!
सूनी लगे तेरे बिन अब यारों की बस्ती।
आज मुझे भी अपने हाथों से थोड़ी भाँग पिला दो।
मेरे तरसे नैनों को मेरे यार का दीदार करा दो।

तेरे बिन फीकी हैं गलियाँ सारी, ये चौक विराना है।
भटकता रहे बावरा मन मेरा, इसका और कहाँ
ठिकाना है।
सर्द सुबह में सुहानी सी धूप हो, या बसन्त की स्निग्ध
बयार हो तुम?
तपती जेठ की दुपहरी में शीतल छाँव हो, या सावन
की मस्त फुहार हो तुम?
आज बारिश के पानी में मुझे भी भिगा दो।
मेरे तरसे नैनों को यार का दीदार करा दो।

वो भोली सी, सलोनी सी सूरत
वो बोलती सी-नरगिसी आँखें
वो काँपते से सुर्ख़ होंठ
वो हवा के साथ खेलती ज़ुल्फ़ें
वो महकती सी-गर्म साँसें
वो लहराता रेशमी आँचल
वो कानों में झूला झूलती बालियाँ
वो नाक में पड़ा सोने का कोका
वो मीठे बोल और खनकती सी हँसी

ए-कमसीन आज मुझे इन शरबती आँखों से पिला दो।
मेरे तरसे नैनों को मेरे यार का दीदार करा दो।

तुम कितनी अच्छी लगती हो!

मन करता है तुम्हें बता दूँ...
तुम कितनी अच्छी लगती हो।

सर्द सुबह की तरुणायी सी,
नील गगन की अरुणायी सी,
गुलमोहर की घनी छाँव सी,
मुस्काते से अमलताश सी,
तुम कितनी सुन्दर लगती हो ....
तुम कितनी अच्छी लगती हो।

सलोनी सी सूरत, सुरमयी आँखें,
और होठों पर मासूम मुस्कान लिये,
राधा की प्रीत सी पावन,
मीरा के गीत सी मनभावन,
कान्हा की बाँसुरी की मधुर तान सी,
तुम कितनी सच्ची लगती हो।

होली के रंग...फागुन की मस्ती
स्निग्ध बसंती बयार, बारिश की मस्त फुहार
और सावन के झूलों की उमंग को समेटे ...
जब अल्हड़पन से हँसती हो तुम,
एक प्यारी सी बच्ची लगती हो।

गीली मिट्टी की सौंधी ख़ुशबू सी,
सुबह के सुहाने से टूटे ख़्वाब सी,
टूटते तारे से माँगी कोई ख़्वाहिश सी,
रेशम से नर्म...सिन्दूर से सुर्ख मुस्काते लब...
चटखती सी कोई कच्ची कली लगती हो...
तुम कितनी अच्छी लगती हो ....

फिर से जी भर जियेंगे...

जब भी कभी मुड़ कर देखता हूँ...
ज़िंदगी के गुज़रे लम्हों को,
ठहरे से चंद हसीन पल...कुछ मायूस नज़र आते हैं।
यूँ लगता है, कि ज़िंदगी बस इन्हीं ...
बेख़बर पलों के इर्द-गिर्द घूमती रही है कभी।

ये वो लम्हें हैं, जब मैं जी भर जिया...
या यूँ कहिये ये ही ज़िंदगी थे मेरी।
ये वो क्षण थे, जो मैं संजोकर रखूँगा ता-ज़िंदगी,
क्योंकि ये सबसे रंगीन पल थे।
जिनमें ज़िंदगी इठलाती थी मदमस्त होकर
सपने अंगड़ाई लेते थे किसी नवयौवना की तरह।
वो पल जो मेरी ज़िंदगी के मायने बदल गए
आज भी जीवन्त हैं किसी चलचित्र की तरह।

ये वो समय था जो गुज़रा था तेरे साथ
ये पल विशेष थे क्योंकि इनमें तुम शामिल हो
मैं इन अविस्मरणीय लम्हों को फिर से जीना
चाहूँगा...
फिर से गुज़रना चाहूँगा...उन सुनहरी यादों से सजी
मगर उलझी सी हैरान ज़िंदगी की राहों से... तेरा हाथ
थाम।

ए-दोस्त!
ज़िंदगी के किसी मोड़ पर हम फिर मिलेंगे...
कुछ अधूरी दास्तानों को अंजाम देंगे...
कुछ सहमे से सपनों को उड़ान देंगें...
फिर से जी भर जियेंगे....
फिर से जी भर जियेंगे....

और वो नकाब ढल गया...

बरसों से जिस हुश्न-ए-शोख़ की तमन्ना थी
जिसके दीदार को तरस से गए
आज उसने इशारे से बुलाया है हमें
क्या बताएँ...हज़ारों अरमाँ दिल में मचल से गये

कुछ तो है अजीब सी दिलकशी उसमें
कदम ख़ुद-ब-ख़ुद उसकी ओर खिंचे से चले गये
आज ये दिल किसी फ़साद पर आमादा है
जो देख कर उस दिलरुबा को अन्दाज़ बदल से गये

उसकी दिल-फ़रेब नज़रों से मिली नज़र मेरी
होश लापता हैं, हम कुछ बहक से गये
हाथ बढ़ा, थाम ली थी नाज़ुक सी कलाई मैंने
बेसब्र गुज़रते से लम्हें तनिक ठहर से गये

खींच लिया मैंने अपने नज़दीक उसे...
करीब पाकर उसे हम हैरान रह गये
वो मेरे आग़ोश में है कुछ यूँ लिपटी हुई
उसकी नर्म साँसें महसूस हो रही हैं सीने में मेरे

हौले से उसने अपनी नज़रें उठा कर देखा मुझे
एक हसीन ग़ज़ल की तरह वो हल्के से उतर गई दिल
में मेरे
वो शाद पाकीज़ा सा लुभाना शोख चेहरा
झिलमिलाती आँखों पर मासूमियत का पहरा
मखमली गुलाबी गालों पर इठलाती वो रेशमी ज़ुल्फ़ें
लरज़ते रोगनी तराशे लबों पर सुर्ख़ रंग गहरा
ख़ुश्क, थरथराते लबों पर अपने लबों को धर दिया मैंने
कोई तिश्नगी ना रही बाकी, होठों को तर कर दिया
मैंने

ये कैसा नशा, कैसी मदहोशी है, दम-ब-दम मेरा दम
सा निकल गया
उसके हुश्न की झील में रफ्ता-रफ्ता ज़ज़्ब होते गये
हम
और ना जाने कब नकाब ढल गया
और ना जाने कब नकाब ढल गया

वो लड़कपन, वो बाँकपन, मिठास किसी गुड़ की डली
सा
वो नफ़ासत, वो नख़रे, वो मस्ताना मन मनचली सा
नरम नाज़ुक वो बदन कमसिन कली सा
काबिल-ए-परश्तीश है वो नूर मखमली सा

ख़ुशनुमा रात है, ठण्डी हवायें बह रही हैं।
ख़ामोश लब हैं...मगर धड़कनें कुछ कह रही हैं।
उसकी शर्म-ओ-हया क्या कमाल कर रही है!
शबाब में गुलाबों की रंगत छिटक रही है।

जवानी से लबरेज़ क्या खूब लग रही है।
बारीकी से तराशदा मूरत सी लग रही है।

क्यों लरज़ता है बदन, साँसें क्यों तेज़ चल रही हैं।
मेरी बाहों के दरमियाँ वो इस कदर क्यों पिघल रही है
इस सुहानी रात में हम यूँ रूमानी हो गये हैं
जो कल तलक अनजान थे वो अहसास रूहानी हो गये हैं
इश्क़ की चादर में लिपटे धीरे-धीरे सो गये हम
और एक कोने में नेह का दिया जल गया
वो मेरी पनाहों में यूँ सिमटी हुई
और ना जाने कब नकाब ढल गया...
और ना जाने कब नकाब ढल गया...

ना जाने तू इतनी क्यूँ याद आती है....

सर्दियों की ठण्डी-सर्द रात हो
या गर्मियों की सुहानी सी सहर।
बारिश की रिमझिम हो या
बसन्त की गुनगुनी सी दोपहर।
हर मौसम में हमें छू जाती है।
ना जाने तू इतनी क्यूँ याद आती है।

तुम से ही रवानगी है हवाओं में
तुम हो तो दीवानगी है फ़िज़ाओं में।
तुम से ही हर रोशनी है दिशाओं में
तुम नहीं तो क्या रखा है इन वफ़ाओं में।
पास होकर भी, दूर क्यूँ चली जाती है।
ना जाने तू इतनी क्यूँ याद आती है।

हर क़ाफ़िले, हर गुलिस्ताँ में
हर रंग और हर ज़ुबां में।
हर ज़िक्र, हर दास्ताँ में
हर आहट, हर निशाँ में।
हर पल नज़र तू मुझे आती है।
ना जाने तू इतनी क्यूँ याद आती है।

मैं एक अरसे के बाद तेरे शहर आया

मैं एक अरसे के बाद तेरे शहर आया
तेरा अक्स मेरी आँखों में उतर आया
ग़ज़ब की मासूमियत है तेरी सूरत में
लगा जैसे बचपना निखर आया
चमकती स्याह आँखें हैं, या झील है गहरी
मैं डूबता ही गया, कभी ना उबर पाया

मुस्कुराते सुर्ख़ होंठों से गुल भी हैं शर्माते
गर कहीं छू लिया मैंने, और फिर होश ना आया?
तेरा वो भोला सा चेहरा मुझे नज़र आया
मैं एक अरसे के बाद तेरे शहर आया

अनायास ही कुछ धुँधली लगने लगी तस्वीर तेरी
एक कतरा अश्क़ का मेरे गालों पे ढल आया
एक हूक सी उठती है आज भी दिल के किसी कोने में
मैं बदल गया लेकिन इस दिल को ना बदल पाया

सच कहूँ तो ये हर दिन की कहानी है
भले भूली हो तुम मुझको, मगर मैं भूल ना पाया
तेरा वो सलोना सा चेहरा फिर से उभर आया
आज मैं एक अरसे बाद तेरे शहर आया।

तुझसे मिलने मैं आज तेरे घर आया
हर उस ठौर पर ढूँढा जहाँ मैं तुझे छोड़ आया
तू मुझसे जा चुकी है दूर ये जानता हूँ मैं
मेरा ये दिल मुझसे पूछता है रोज़ कि ऐसा क्या मोड़
आया?
मैं एक अरसे के बाद तेरे शहर आया

सारी रात यूँ ही खुली आँखों में गुज़र जाती है।

आज भी रोज़ मिलता हूँ मैं तुझसे... और,
सारी रात यूँ ही खुली आँखों में गुज़र जाती है।
कुछ और देखना चाहूँ भी तो देखूँ कैसे?
हर ओर बस तू ही तू नज़र आती है।
सोचता हूँ भुला दूँ तुझको लेकिन फिर...
तेरी अथक यादें मेरी थकी पलकों पर ठहर जाती है
कभी सरगोशी करते हैं ये नर्म गुलाबी लब,
तो कभी रात भर तेरी शरबती आँखे जमकर कहर
ढाती है।
तेरे लरज़ते होंठों पे ये तबस्सुम क्या कम थी
जो सहसा सलौने से चेहरे पे एक रेशमी ज़ुल्फ़ लहर
जाती है।
तेरी नशीली नज़रों में ढूँढ़ता रहता हूँ खुद को बदहवाश
और, एक नज़्म तेरी नज़र करने में ना जाने कब सहर
हो जाती है।
सारी रात यूँ ही खुली, सूनी आँखों में गुज़र जाती है।

पहली मुलाक़ात

बसन्ती हवाओं से महकी हुई
वो ग़ज़ब शाम थी थोड़ी बहकी हुई
हर तरफ हुस्न का एक मेला सा था
इस मेले में भी मैं अकेला सा था

चेहरे थे तो कई पर ना भाये मुझे
तभी दूर से तुम नज़र आये मुझे
मानो आसमाँ से आफ़ताब उतर मिलने आया है मुझे
तू सच है या फिर से किसी ख़्वाब ने बहकाया है मुझे

वो पल अलग था, कुछ तो नया था
सारा कोलाहल सहसा थम सा गया था।
बस मुझे मेरी ही धड़कन सुनाई दे रही थी
जामुनी रेशम में लिपटी एक परी दिखाई दे रही थी

करीब पाकर तुझे तमाम होश-ओ-हवाश जाया हो
गया है

अब तलक तो आँखें हैरान थी, अब तो दिल भी पराया
हो गया है।
हर आईने में मेरा चेहरा नज़र आया है मुझे,
लेकिन तेरी आँखों में मेरा अक्स नज़र आया मुझे।

तेरी गहरी स्याह आँखों का तिलस्म ना तोड़ पाया मैं
फिर भी हर रोज़ उनको पढने का लालच ना छोड़ पाया
मैं
तेरा अपनी ही धुन मे नाचना,
नज़रें मिलाकर, चुराना, फिर शर्मा जाना
मेरे हाल पर तेरा मन्द-मन्द मुस्कुराना
याद कर बेखयाली में मैं भी मुस्कुरा लेता हूँ।

तेरे चेहरे पे बालों की एक लट का आ जाना
और, तेरा हर बार उसे कान के पीछे अटकाना
तेरा फ़ोन नंबर ना देने का बहाना
ये याद कर, मैं फ़ोन नंबर फिर से माँग लेता हूँ
हर रोज़ वो शाम मैं फिर से सजा लेता है
पहली मुलाकात सा मिलने का मज़ा लेता हूँ।

एक हसीन फ़साना याद आ गया..

आज अनायास ही जब तेरी गली से गुज़रा तो
एक ठंडी हवा का झोंका मुझे बहका गया...
तेरी बाँहों की मख़मली उष्णता को तरसा गया
गुज़रा हुआ वो एक हसीन फ़साना याद आ गया..

जिस लम्हें में मैं जीना चाहता था ताउम्र
वो फिसलता-गुज़रता ज़माना याद आ गया
तेरी एक झलक को आज भी तरसते हैं ये नैना..
तुझे देख लेने का हर एक बहाना याद आ गया
तेरी आँखों की चमक, हँसी की खनक,
होंठों की सुर्खी और भीनी सी महक...
वो हुश्न का नशीला मैखाना याद आ गया
तुम ही ज़िंदगी का मक़सद बन गई थी
तेरी गली में बेवजह आना-जाना याद आ गया

तेरे खयालों में खो जाना...चलते-चलते रुक जाना
बेख़ुदी में जो गुनगुनाता था.. वो गाना याद आ गया
चॉकलेट्स की मीठास में घुलता सा कोई
कॉफ़ी की गरमाहट में पिघलता सा कोई...
बेवक्त की बारिश में नहाना याद आगया
रॉक बैंड की धुन पर झूमता नाचता अल्हड़ सा
वो बेसुध 'मस्ती' का पैमाना याद आ गया...
ग्रीटिंग कार्ड पे दिल निकाल रख देता था जिसके लिये
आज वो बेख़बर बेगाना याद आ गया...

तुझी में हूँ मैं

तेरे ही दिल की सदा हूँ मैं।
तेरी अपनी ही कोई अदा हूँ मैं।
तेरा सुहाना सा ख़्वाब हूँ मैं।
तेरे आसमां का आफ़ताब हूँ मैं।
तेरे सपनों का जहाँ हूँ मैं।
अब ये ना कहना कहाँ हूँ मैं?
तेरे दिल में धड़कता हूँ मैं...
साँसों में महकता हूँ मैं...
रूह में रहता हूँ मैं...
तुझी से हूँ मैं....तुझी में हूँ मैं।

बेख़बर

बेक़रारी का आलम,
बेखयाली के दौर।
बेख़ुदी का मौसम,
बेचैनी हर ओर।
बेहिसाब है गम,
बेरुख़ी नहीं कम।
बेक़ाबू हैं जोश,
बेहोश मेरे होश ।
फिर भी....
"बेख़बर" है वो बेरहम।

तेरी आँखें सब कह देती हैं...

कृष्ण:
तुम जो नहीं चाहती कहना
तेरी आँखें सब कर देती हैं...
धुला हुआ ये काजल कहता,
छुप-छुप कर रोयी हो तुम।
बोझिल पलकों की लाली कहती,
बीती रात नहीं सोयी हो तुम।
जागी आँखों में काटी स्याह रात,
किस ख़याल में खोयी थी तुम?
आँखों की कोर में अब भी नमीं है,
बतला दो, क्यों रोयी थी तुम?

राधा:
सब जान कर भी कितने अनजाने हो तुम

अपने होकर भी क्यों लगते बेगाने हो तुम
हे कान्हा! हर पल डरती हूँ तुझे खोने से
कितना कुछ है, जो रोक लेता...तुमको मेरा होने से
मैं हतभागी, तेरी प्रीत में बावरी भयी फिरती हूँ
हे भुवन-मोहन! मैं तेरी दुनिया, तुम मेरी दुनिया...
फिर भी क्यों इस दुनिया से डरती हूँ?

मेरे कण-कण में हो समाये
मेरे अन्तर्मन में हो तुम छाये
बस मेरे भाग्य में ही नहीं हो ...
यही सोच में सारी रात हूँ रोयी...
मैं तुझमें हूँ, तुम मुझमें हो
फिर भी ना जाने क्यों कान्हा...
तुम मेरे होकर भी मेरे नहीं हो।

कृष्ण:
इस जग के मन-मन में कान्हा
इस जग के कण-कण में कान्हा
पर कान्हा का कतरा-कतरा राधा है।
हे राधा! तेरे बिन तो कान्हा भी आधा है।
तेरे बिन तो कान्हा भी आधा है।

मेरी प्रेरणा....

अधजले ख़्वाबों को पलकों में समेटे, निःशब्द खड़ा हूँ
मैं।
दरकते अरमानों को मन से लपेटे, क्यूँ स्तब्ध खड़ा हूँ
मैं।
ये कहाँ आ गया मैं ख़्वाबों के ठिकाने ढूंढते हुए,
यहाँ तो बस ख्वाहिशों के खण्डहर दिखाई पड़ते हैं।
न जाने कहाँ आ गया मैं, ज़िंदगी की धुन तलाशने,
यहाँ तो हर ओर चीखते सन्नाटे सुनाई पड़ते हैं ।

मीलों पसरी मायूसी है, सहमी-सहमी आशाएँ।
रूठी-रूठी सी ज़िंदगी हमसे, खोयी-खोयी सी हैं राहें।
बिखरे हैं वो ख़्वाब सुहाने, टूटी है सपनों की माला।
चुनकर इन बिखरे मनकों को, कौन पिरोयेगा
जयमाला।
कौन उड़ेलेगा मुझ प्यासे पर...पानी वो...बारिश वाला।
कौन बनायेगा इस बंजर धरती को फिर से हरियाला।
कौन मिटायेगा मायूसी, कौन जगायेगा आशाएँ।
कौन बजायेगा इकतारा, कौन दिखायेगा फिर राहें।

तभी कहीं से कुछ बूँदें....टपकी मेरी पैशानी पे।
भीगी आँखों से मुस्कुरा दिया मैं, भोली सी हैरानी में।

चन्द सब्ज़ शाख़ें, बंजर दरख़्तों पे ख़िल गईं।
एक लौ ज़िंदगी को फिर कहीं से मिल गई।
क्षीण हो रही मायूसी है, स्थूल हो रही आशाएँ।
शिथिल हो रहा तम का ताण्डव, उदीप्त हो रही हैं राहें।

है कौन बसा रहा उपवन फिर से? कौन बरसाये
जलधारा?
है कौन सजा रहा ख़्वाब सुहाने? कौन बजा रहा
इकतारा?
है कौन खड़ा बाँहें फैलाये, मुझसे आलिंगन करने को?
ख़ुद थका हुआ, पर अडिग खड़ा, मेरा अवलम्बन
बनने को।
है कौन समेटे अँधियारों को आँखों के कारे काजल में?
वो अटल, अचल, लड़ने को तत्पर, हौंसले जुटाये
आँचल में।
खोज रहा था लय मैं खोयी, तुमने फिर से लयबद्ध
किया।
खो बैठा था आत्मविश्वास कहीं पर, तुमने मुझको
आश्वस्त किया।
तुमने फिर से हथियार थमाकर, मुझको लड़ना है
सिखलाया।
मंज़िल भले ही पा न सकूँ, पर मार्ग तुम्हीं ने
दिखलाया।
ए-दोस्त अगर तू साथ रही तो, मैं नभ में उड़
इठलाऊँगा।
अन्यथा, किसी पर-कटे-परिन्दे की मानिन्द में धरती
पर गिर जाऊँगा ।
तूझे सखा कहूँ, सौभाग्य कहूँ, या कहूँ प्रेरणा का सोता।

तू गर नहीं जोड़ती मेरा जीवट, तो मैं यहीं कहीं बिखरा
होता।
मैं यहीं कहीं बिखरा होता....

लहरें...

मेरी ज़िंदगी किसी समन्दर के किनारे पड़ी.....
उस सूखी रेत की तरह है, जिसे...
समन्दर की बेताब लहरें भिगो कर लौट जाती हैं
सूरज ढलने पर ये लहरें मुझे और भिगोने नहीं
आती.....
पर छोड़ जाती हैं कुछ निशान...कुछ टूटी
सीपियाँ...और कुछ नमी,
और बहा ले जाती हैं कुछ रेत...सागर की उन अनन्त
गहराइयों में
रातभर चाँद की रोशनी में दूर उन लहरों को देख...
मैं महसूस करता हूँ उन चंचल लहरों की कमी
कुछ शान्त, मन्द और छोटी हो रही लहरों को तकता
रहता हूँ...
किनारे पर पसरी नीरव, बैचैन सी तन्हाइयों में...

फिर सुबह सूरज की पहली किरण के साथ...
समन्दर में फिर से ज्वार उठता है,
फिर से ये शान्त, मन्द, छोटी- लहरें उर्जित हो.....

आती है...मुझसे टकराने, अठखेलियाँ करने...
मानों, ये लहरें समन्दर के अनवरत शोर में,
मुझसे कुछ कहना चाहती हैं...
छूना चाहती हैं... मुझे भिगोना चाहती हैं
सूरज की तपिस से मुझे बचाना चाहती
और फिर... शाम ढले, मुझे अकेला,
सूखने को छोड़... लौट जाती हैं
ये सिलसिला रोज़ यूँ ही चलता है...
ना मैं, रातभर इंतज़ार करते थकता हूँ और...
ना ही ये नादान लहरें मुझसे बिना मिले रह पाती हैं।

मैं क्यों रोया रे...

ये मेरी आँखों की कोर में नमी कैसी?
ए-नज़र तेरी रंगत में ये कमी कैसी?
हँसते-हँसते क्यों मेरी आँखें भर आईं?
चहकती निगाहों में क्यों विरानियाँ छाईं?
आज चुपके से आँसुओं की बारिश ने क्यों मन
भिखोया रे?
ए-नज़र तू ही बता, आज मैं क्यों रोया रे?

ये सूनी-सूनी आँखें, नर्म ख़्वाब को तरसती रहीं।
इन प्यासी नज़रों से बस ख़ामोशी बरसती रही।
तलाशती हैं निगाहें जो हसीन मंज़र इन्हें भाते हैं।
पर इन नैनों को खाली बंजर ही नज़र आते हैं।
अँखियन के आँचल में, अँसुवन की नदियाँ हैं।
भीगी-भीगी अँखियन की खोई सब सखियाँ हैं।
ए रंग-रसिया अपने दिल से पूछ, तू कहाँ खोया रे।

ए-दिल हमें भी बता, ख़ुद में सिमट किस ग़म में रोया रे?

ए-तन्हा दिल मेरे, ये शोर में ख़ामोशी का आलम कैसा?
ख़्वाहिशें झुलसी-झुलसी क्यों हैं, ज़िंदगी के जश्न में ये मातम कैसा?
सारा जहाँ चल रहा है, क्यों मैं ठहरा हुआ हूँ?
अपनी ही परछाइयों से क्यों घबरा रहा हूँ?
ए-मनचले, तू ही बता, मुझे क्यों रोना आया रे?
ए-सौदायी, तू ही बता, किसकी यादों ने रुलाया रे?

बैरी नज़रें उलझी तो लगा, ज़िंदगी सुलझ गई।
पर थरथराती लौ में, एक छोर से ज़िंदगी सुलग गई।
राख में ज़ब्त एक मिटती चिन्गारी को झौंका हवा का मिल गया।
बावरा मन, थिरकता-सा, यूँ अचानक थम-सा गया।
ख़्वाब संजोया जो तूने, वो फ़ैसलों की सलवटों में खो गया।
पलकों की गिरफ़्त से, अरमां कोई अश्क़ बन ढल गया
वो अश्क़ बना अरमां, प्यासी रेत पर छिटक कर खोया रे।
ए-बेखबर, अपनी बेख़ुदी से पूछ, तू क्यों रोया रे?

चमकती, चहकती सी नज़र, आज बेज़ार क्यों है?
मस्त-मौला ये मन मेरा, आज तार-तार क्यों है?
बहता था वक़्त कभी, किसी उफनती नदी की मानिन्द,
आज मुआ वक़्त भी गुज़रना नागवार क्यों है?

कभी नींद भी सुकून से सोया करती थी हमारी पनाहों में,
आज हमारी करवटों के साथ-साथ ये रात भी बेक़रार क्यों है?
कभी इश्क़ की अदालत में फ़ैसले सुनाया करते थे हम,
ये क्या हुआ-ये क्या हुआ, वही शख़्स ख़ुद का गुनहगार क्यों है?
महफ़िल-ए-जहाँ रोशन थे जिन निगाहों से, आज उनपर
ये कैसा कोहरा छाया रे?
ए-मनमीत मेरे, तू ही बता, मैं क्यों रोया रे?

बेख़ुद भले ही भटकता रहूँ मैं, पर यूँ ही बेख़बर तो नहीं।
बेख़याली में हँसता रहूँ मैं, पर नहीं बेअसर तो नहीं।
जोड़ता रहा अपने दरकते ख़्वाबों को पूरी संजीदगी के साथ,
पर उनके टूट-कर-बिखर जाने में कोई कसर तो नहीं।
तन्हा तो पहले भी हुआ करते थे हम, पर इस कदर तो नहीं।
निकला था कारवाँ-ए-हमसफ़र लेकर,
अब सफ़र तो है, हमसफ़र ही नहीं।
जिन राहों का रहगुज़र था मैं, आज उन्हीं रास्तों में क्यों खोया रे?
ए-हमसफ़र, तू ही बता, मैं इस कदर क्यों रोया रे?

तू उलझा रहा उलझनों में कहीं,
तू सिलता गया सिलसिलों में कहीं।
तू जोड़ता रहा अपनों को सही,

मगर टूटता ही गया टुकड़ों में कहीं।

जब भी कहना चाहा उनसे हाल-ए-दिल, मेरे लबों ने
धोखा दिया।
वो भी नज़रें बचाये फिरते रहे हमसे, ना ख़ुद कह सके
ना हमें एक मौका दिया।
फिर एक दिन, वो बेचने निकले ज़माने भर की
कहानियाँ हमको।
परेशां ख़ुद भी कम ना थे, मगर गिनाने लगे हमारी
परेशानियाँ हमको।
बेरंग मुस्कान से बख्श देती हैं, बेचैनियाँ हमको।
बेरुख़ी की इन्तहा तो देखिये, लिखते हैं माफ़ी के लिए
अर्ज़ियाँ हमको।
हमें माफ़ करो, जो तेरी पलकों को भिगोया रे।
हूँ तेरे दर्द का सबब, तू मेरी ख़ातिर ही रोया रे।

मजबूर हूँ मैं, किसी वादे से बंधा हूँ मैं।
ख़ुदगर्ज़ ना समझना, कच्चे धागों से बंधा हूँ मैं।
दिखता कुछ और हूँ, अन्दर से कुछ और हूँ मैं।
वजह तू नहीं, वजह है कि, कमज़ोर हूँ मैं।
सुखा लो ये आँचल जो मेरे अश्कों ने भिगोया रे।
पौंछ दो मेरे आँसू, मैं जी भर के रोया रे...जी भर के
रोया रे।

यूँ ही चहकती रहना प्रिये।

कुछ तो असर तेरी दुआओं का है, जो अक्सर संभल
जाता हूँ मैं,
कोई हाथ थाम लेता है मेरा जब भी बहक जाता हूँ मैं,
मेरा यार समेट लेता है मुझे जब-जब टूट कर बिखर
जाता हूँ मैं,

तुम हो, या ना हो, तेरे होने का अहसास काफ़ी है,
तुम मिलो, या ना मिलो, तुझसे मिलने की आस
काफ़ी है,
यार, कभी मिलना तो थोड़ी फ़ुर्सत से मिलना,
तुम्हें सुनाने को क़िस्से मेरे पास काफ़ी हैं,

चल अपनी मसरूफ़ ज़िंदगी से कुछ वक़्त निकालें,
आ ठहरें जरा संग में कुछ लम्हें गुज़ारें,
मैं कुछ कश्मकश ले आऊँगा, तुम कुछ सवाल ले
आना
आजा फिर कहीं बैठकर कुछ उलझनें सुलझा लें,

मैं अनघड़ सा घट हूँ कोई, तुम इक सुघड़ सुराही सी,
मैं अनकहा सा क़िस्सा कोई, तुम रूमी की रुबाई सी,

मैं अनचाहा कोलाहल, तुम बिस्मिल्ल की शहनाई सी,
मैं कबीर का दोहा कोई, तुम तुलसी की चौपाई सी,

तेरी आँखों की चमक, गालों की सुर्खी,
तेरे होंठों पर छाई अनहद मुस्कान,
कितनी ख़ुश होती हो तुम मुझे अचानक देख
तेरी चहकती आवाज़ सुनने को तरस जाते हैं कान,
मेरी हर ख़ुशी में हुलस लेती हो तुम,
मेरी हर उलझन से उलझ लेती हो तुम,
मेरी हर जीत में एक हिस्सा तुम्हारा भी है,
तभी तो मन ही मन उछल लेती हो तुम,

सहज स्नेह स्याह आँखों में भरकर,
कोई उछलती उमंग अपनी बाँहों में भरकर,
यूँ ही हर उथल-पुथल में हुलसती रहना सखे,
चेहरे पर बला की मासूमी, और पहलू में मस्ती
भरकर,
वही दिलकश सी मासूम मुस्कान होंठों पर धर कर,
यूँ ही हर घटत-बढ़त में चहकती रहना प्रिये,
यूँ ही चहकती रहना प्रिये।

पायल की रुनझुन...

तेरे साथ चले ये चार कदम, मीलों का सुहाना सफ़र लगता है
मेरे ज़र्रे-ज़र्रे में हो समायी, हर एक हर्फ़ तेरी कहानी कहता है
जब भी तनहा होता हूँ तो, मैं तेरे संग ही होता हूँ
रातों की नीरव ख़ामोशी में, मैं तुमसे बातें करता हूँ
जब रोने को जी करता है, तेरे सीने से लग रोता हूँ
तेरी बातें दिलकश बड़ी हैं, तेरे ख़यालों में हँसता हूँ
तुम छोटी सी दुनिया हो मेरी, मैं तेरे अन्दर बसता हूँ
मैं अक्सर तेरी रेशमी यादों के ताने-बाने बुनता हूँ
तू स्वप्निल संसार है मेरा, खुली आँखों में तेरे ख़्वाब संजोता हूँ
सूनी रातों में भी मैं तेरी पायल की रुनझुन सुनता हूँ
तेरी पायल की रुनझुन सुनता हूँ

अगर तुम ना मिली होती...

अगर तुम ना मिली होती...
तो क्या-क्या नहीं होता?

कुछ अधूरा सा ना होता,
जीने में थोड़ी आसानी होती
कुछ खोने का ग़म ना होता,
इतनी बेचैनी ना होती
अगर तुम ना मिली होती...

ना जान पाता प्यार क्या है
मुझे मोहब्बत ना होती
ना ख़्वाब देख पाता
ना बेख़याली ही होती
अगर तुम ना मिली होती...

ना किसी का इंतज़ार होता
आँखें बेक़रार ना होतीं
वो शहर अज़ीज़ ना होता
छोड़ आने में दुश्वारी ना होती
अगर तुम ना मिली होती...

नज़र बचा कर तुमने यूँ देखा ना होता
धड़कनें यूँ बेलगाम ना होतीं
चाँद यूँ शर्मिंदा ना होता
ये शाम हसीन शाम ना होती
अगर तुम ना मिली होती…

वो लम्हा तनिक ठहरा ना होता
अगर तेरी पायल की आवाज़ ना होतीं
मौसम यूँ ख़ुशनुमा ना होता
अगर तेरी यहाँ ख़ुशबू ना होती
अगर तुम ना मिली होती…

ना कोई बादल रोया होता
ना ही यहाँ बरसात ही होती
ना ही कोई तनहा होता
ना ही तेरी कोई बात ही होती
अगर तुम ना मिली होती…

कत्ल-ए-आम

तेरा शर्माना, पलकों का झुकाना तेरा,
छलकना उन आँखों के हसीन जाम का।
कुछ फ़नकारी है, कुछ शोखियाँ,
उनमें अँधेरा भी है फागुनी शाम का।
थोड़ी हरकतें, कुछ हसरतें,
चंद ख़्वाब और मलाल है किसी के नाम का।
कुछ वीरानियाँ, थोड़ी हैरानियाँ,
बड़ी बेचैनियाँ, कोई निशान नहीं आराम का।
ख़ुद की तलाश में जो मैं रूबरू हुआ तुमसे
तेरी आँखों मे वो अक्स है मेरे काम का।
आख़िर कब तलक बचते उनकी कातिल नज़रों से
हुक्म है उन नशीली आँखों को कत्ल-ए-आम का।

खो गई थी वो...

किसी हिमगिरि से उतरती, उफनती नदी सी थी वो,
पहाड़ों से टकराती, काटती, बहती थी वो,
कभी कोई प्यारा सा निर्मल झरना बन झरती,
तो कभी चट्टानों से टकराती, गरजती थी वो
कभी शांत अविरल अनवरत धारा बन बहती,
तो कभी गूंजती गुनगुनाती सी गुज़रती थी वो,
कभी बलखाती लहराती सी किसी नागिन की मानिंद,
तो कभी किसी भँवर से उलझती थी वो,
ग़र वो सहज हो तो जीवन थी, ख़ुशहाली थी वो,
ग़र मचल जाए तो तूफ़ान थी, बदहाली थी वो,
बाँध लेना उसे मुश्किल था मगर,
ग़र थाम लो तो ऊर्जा का ख़ज़ाना थी वो,
कभी सरल-सलिला बन जीवन को आकार देती,
तो कभी ऊर्जित, तरंगित, उछलती, बहा लेती थी वो,
सबको निर्मल करते-करते धूमिल सी हो चली
बहते-बहते कुछ थक सी गई थी वो,
आज वो चलती थी अपने गन्तव्य को मिलने,
किसी समंदर में समाने बढ़ी थी वो,
शायद सागर से मिलकर खो गई थी वो,

मगर खो कर भी अपने आप से मिल रही थी वो,
किसी उत्तुंग हिमशिखर से उद्भित पिघलती सी,
किन्ही अथाह गहराइयों में खो गई थी वो,
आज कहीं खो गई थी वो...

याद आ गया....

आज अनायास ही जब गुज़रा तेरी गली से,
तो गुज़रा हुआ हसीन फ़साना याद आ गया ।
जिस लम्हे में जीना चाहता था ताउम्र,
वो फ़िसलता गुज़रता ज़माना याद आ गया।
तेरी एक झलक को आज भी तरसते हैं ये नैना
तुझे देख लेने का हर एक बहाना याद आ गया ।
तेरी आँखों की चमक, हँसी की खनक,
होंठों की सुर्ख़ी, भीनी सी महक,
वो हुश्न का नशा, वो मैख़ाना याद आ गया।
तुम ही ज़िंदगी का मक़सद बन गई थी
तेरी गली से बे-वजह आना-जाना याद आ गया।
तेरे ख़यालों में खो जाना, चलते-चलते रुक जाना
बेख़ुदी में जो गुनगुनाता था, वो गाना याद आ गया।
चॉकलेट्स की मिठास में घुलता सा कोई,
कॉफ़ी की गरमाहट में पिघलता सा कोई,

बेवक्त की बारिश में नहाना याद आ गया।
मस्ती में झूमता, नाचता, अल्हड़ सा कोई,
वो बेसुध सा मस्ती का पैमाना याद आ गया ।
काग़ज़ पर दिल निकाल कर रख देते थे जिसके लिए,
आज फिर वो बेख़बर बेगाना याद आ गया।
आज फिर वो बेख़बर बेगाना याद आ गया।

उसके लिए मैं भागा बहुत हूँ...

ना जाने क्या ऐसा हो जाता है,
उसकी हर बात पे दिल आता है।
सोचता हूँ और ना देखूँ उसे,
तभी मेरे पास से वो गुज़र जाता है।
मेरी हर सुबह के उजालों में वो है,
मेरे ख़्वाबों ख़यालों में वो है।
मेरी हर शाम को सँवारे भी वो है,
नज़र में भी वो है, नज़ारे भी वो है।
साँसों में चलता है, धड़कन में धड़के है,
रगों में लहु बन बहता वही है।
लबों की हँसी में, दिल की बेबसी में,
पलकों की कोर में, बस रहता वही है।
उसकी ख़ुशबू ही सुलाती है मुझको,
पायल की रुनझुन उठाती है मुझको।
उसके ख़यालों में जागा बहुत हूँ,
उसके लिए मैं भागा बहुत हूँ।
उसके लिए मैं भागा बहुत हूँ।

आज भी है...

वो तेरे चेहरे के नूर में नहायी उजली सी सहर आज भी
है,
वो दोस्तों की साज़िशें हमें मिलवाने की,
वो तेरा असहज होना, शर्माना तेरा,
नाचना-फुदकना, क्या कमाल था मुस्कुराना तेरा,
आँखों में तैरता वो हर मंज़र आज भी है।

वो गर्ल्स-कॉलेज, कॉलेज-स्ट्रीट, पीली टैक्सी,
वो मिरर्स-वाला कैफे, कॉलेज का पिछला गेट,
कॉलेज की सीढ़ियाँ, चाँदनी-चौक वाला CCD,
हर जगह बस तुम्हें खोजती नज़र आज भी है।

सम्मोहित करती वो बिल्लौरी सी आँखें
गुलाबी लबों पे खेलती मोहिनी सी मुस्कान,
तेरे गालों के डिम्पल में कई बार गिरा मैं,
तेरे हुश्न का बरकरार कहर आज भी है।

लोग कहते थे जल्द ही भुला दोगे उसको,
इश्क़ का भूत है, वक्त के साथ उतर जाएगा,
झूठे निकले सारे दावे ज़माने के,
मुझे उसकी ख़ेर-ओ-ख़बर आज भी है।

बसंत की ठंडी सुबह वो सुहानी,
घास पर चमकती ओस की बूँदों का पानी,
मेरी गोद में सर रखकर तेरा सो जाना,
वो शजर, वो गुलमोहर आज भी है।

तेरा चुप सा रहना, बस हँसते रहना
हर बार टाल देना चंद सवालों को
तुझसे आँख मिला कह ना पाने की कसक,
वो अधूरी, अनकही सी, बहर आज भी है।

अपनी मुकम्मल ज़िंदगी में मशगूल...
तू हमेशा की तरह भुला देती है मुझे
हर-पल तुम मेरी ही रूह में रहती हो लेकिन
मुझे ख़बर है कि तू बे-ख़बर आज भी है।

वो गली, जिससे बे-वजह गुज़रता था मैं
वो झरोखा, जिसे घंटों तकता था मैं,
तेरी एक झलक पाने के लिए
वो पता, जिसपर अक्सर फूल भेजे हैं मैंने
मेरे कॉलेज के पीछे वो घर आज भी है।

तुमसे मिलना, बिछड़ जाना, फिर मिल जाना, और
फ़िर से मिलकर भी ना मिल पाने की भटकन!
गहरी झील में जो पत्थर फैंके थे हमने,

ठहरे हुए पानी में वो लहर आज भी है।

तेरे नर्म, लरज़ते होंठों को छूना,
तेरी शरबती, स्याह आँखों में डूब जाना,
तेरी बाँहों में सिमट खो जाने की हसरत...
इस दिल-ए-नादान में, ए-दिलबर आज भी है।

फ़ना

ज़माने की बंदिशों से ख़ुद को रिहा कर लाये हम,
अपने बेज़ुबान जज़्बों को ज़ुबान दे आये हम,
अरसे से नशा था उनका, उनको भी बहका आये हम,
उनकी तलाश में रफ़्ता-रफ़्ता ख़ुद को गवाँ आये हम,
ख़ुद पर हम फ़िदा उम्रभर से थे,
आज किसी और को दिल दे आये हम,
उसने यक़ीनन बख़्श दिया था हमें,
फिर भी ख़ुद को फ़ना कर आये हम

हर एक ज़िक्र का हिस्सा हो तुम

हर एक ज़िक्र का हिस्सा हो तुम।
किसी ना किसी बहाने से तुम रोज़ याद आती हो।
किसी मासूम सी बच्ची की मुस्कान में मुस्कुराती हो
कभी।
सुबह-सुबह आईने में नज़र आ ओझल हो जाती हो
कभी।
माँ के मंदिर की घंटी में खनक जाती हो कभी।
छत पर बैठी चिड़िया की चहक में चहक जाती हो
कभी।
किसी "कैफ़े" में "कॉफी" की महक में महक जाती हो
कभी।
किसी की "नोज़-पिन" की चमक में चमक जाती हो
कभी।
किसी कॉलेज की "लवर्स-लेन" में टहलती दिख जाती
हो।
किसी "कॉलेज-फ़ेस्ट" में अपनी ही धुन में नाचती
दिख जाती हो।

कभी "मेट्रो-ट्रेन" की "वेस्टिब्यूल" में खड़ी हिलती
दिख जाती हो।
तो कभी एक कुर्ते के लिए "शोपर्स-स्टॉप" में घंटों
घूमती हो।
कभी "केक" की मिठास या "चिली-पनीर" की मिर्ची
बन जाती हो।
हर एक ज़िक्र का हिस्सा हो तुम।
कभी कोई कविता तो कभी कोई क़िस्सा हो तुम।

हम खो गए...

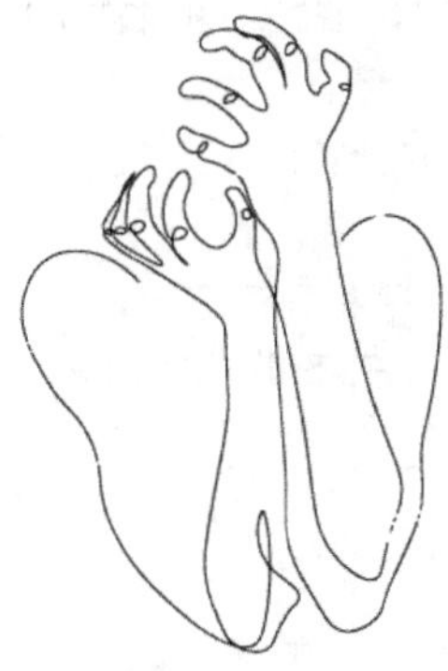

देखा जब पहली बार तुम्हें तो मेरा दिल खो गया
तेरी घनी-रेशमी ज़ुल्फ़ों के बीच मेरा दिन खो गया

नज़रें जब मिलीं तुमसे तो सारे नज़ारे खो गये
जब नज़रें फेरीं तुमने तो सारे उजाले खो गये

तुमने जो हाथ थामा तो सारे दर्द खो गये
तुम उदास हुई तो आसमाँ में सितारे ग़र्द हो गये

तेरी बाँहों में आकर मेरे होश खो गये
फिर हमें बेसुध छोड़ कहीं तुम खो गये

तुम जो मुस्कुरायी तो मेरे तमाम ग़म खो गये
तुमने जो छोड़ा साथ तो कहीं हम खो गये

तुम्हें पा कर भी हम खो गये
तुम्हें खो कर भी हम खो गये

चोर हैं ये आँखें...

चोर हैं ये आँखें...

किसी तारे से चमक चुरा ली,
किसी झील से पानी छीन लिया,
डूबते सूरज की लाली लूट ली,
किसी स्याह रात का काजल बना आँज लिया,
मदमस्त मैखाने की मस्ती भर ली,
और, चली चुराने लोगों के दिल।

कुछ को नज़रें मिला के मार डाला,
कुछ को नज़रें चुरा के जला दिया,
किसी की नींद फना कर दी,
किसी का चैन चुरा लिया,

किसी को ख़्वाब दिखा ठग लिया,
तो किसी को अश्कों में बहा ले गईं,
कोई इन आँखों की मस्ती में बहक गया,
तो कोई इनकी गहराइयों में डूब गया,
कोई खो गया इनकी चमक में,
तो किसी को काजल ने मार डाला,

बहुत बुरा हश्र करती हैं ये आँखें,
ख़ामोशी से क़त्ल करती हैं ये आँखें,
कातिल ये आँखें,
चितचोर हैं ये आँखें,
चोर हैं ये आँखें...

मैं तेरे काम आऊँगा

सुनो, अपने पास रख लो मुझे,
मैं तेरे काम आऊँगा।
सुबह अलार्म से पहले
गुदगुदा के जगा लूँगा।
जब तलक तेरी आँखें खुलेंगीं,
ग्रीन टी का मग थामे खड़ा मिलूँगा।
मैं कर लूँगा तेरे नाश्ते की फ़िक्र!
तुम बस टाइम पर तैयार हो जाना।
सुनो, अपने पास रख लो मुझे, मैं तेरे काम आऊँगा।

बुला लूँगा टैक्सी जब तक तुम आईलाइनर
लगाओगी।
रास्ते में चीयर अप कर दूँगा, अगर लेट हो जाओगी।
अपने प्रेज़ेंटेशन में कोई हेल्प चाहिए तो बताना!
सारे कामों को छोड़ पहले तेरी स्लाइड्स बना लेंगे।
बस तुम पैनिक मत करना।
सुनो, अपने पास रख लो मुझे, मैं तेरे काम आऊँगा।

कभी कोई उलझन हो तो सुन लूँगा तुझे
कभी गुस्सा आएगा तो किस पर करोगी?
तुम मुझसे ही नाराज़ हो लेना।
कभी किसी गंदे से जोक से हँसा लूँगा तुम्हें
वैसे मैं कोल्ड कॉफ़ी अच्छी बना लेता हूँ।
सुनो, अपने पास रख लो मुझे, मैं तेरे काम आऊँगा।

मुरीद

मैं मुरीद तेरे हर एक मिज़ाज का हूँ।
मैं मुरीद तेरे हर एक मिज़ाज का हूँ।

तेरी गूँजती ख़ामोशी, तेरी आवाज़ का हूँ।
तेरे ठहराव, तेरी आसमानी परवाज़ का हूँ।
तेरी जिद, बेचैनी, तेरे गगनचुंबी नाज़ का हूँ।
तेरी फ़क़ीरी, तेरे बादशाही ताज का हूँ।
तेरी मायूसी, तेरे झनकते साज़ का हूँ।
मैं मुरीद तेरे हर एक मिज़ाज का हूँ।

वादा करो!

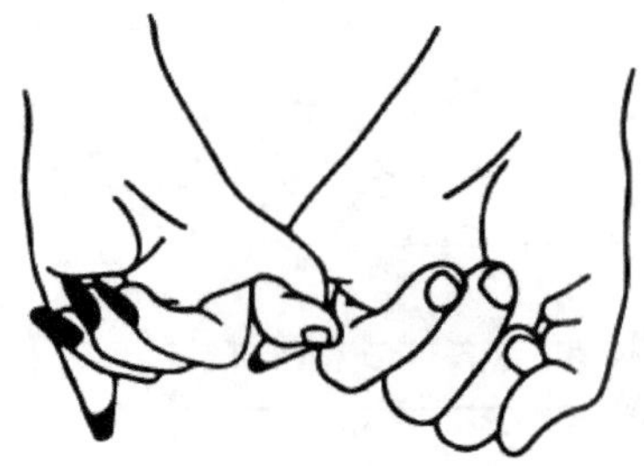

तेरी आँखों की कोर में चमकते सपनों से ऊर्जित हो
लेता हूँ मैं।
तेरी हँसी की खनक में झूमती ज़िंदगी में जी भर जी
लेता हूँ मैं।
तेरी आँखों की नमी में ज़ब्त हर एक कमी को पढ़
लेता हूँ मैं।
तुम हो तो न जाने कैसे किस्से-कहानी कविताएँ गढ़
लेता हूँ मैं?
अगर तुम नहीं रहोगी तो कैसे लिख पाऊँगा मैं?
प्रेरणा हो तुम मेरी!
अगर नहीं चलोगी साथ तो कैसे चल पाऊँगा मैं?
इसलिए, वादा करो! कि सूक्ष्म रूप में हमेशा मेरे
आस-पास रहोगी।
वादा करो! कि संबल बन इस दुर्गम जीवन-पथ पर
आगे बढ़ने का साहस दोगी।
वादा करो! कि हमेशा यूँ ही ज़िंदादिल मुस्कान दोगी।
वादा करो! कि तुम ना कभी मायूस होगी।
वादा करो! कि तुम हमेशा मुझे याद रखोगी।
वादा करो! कि मुझ में ही कहीं रहती हो, यह एहसास
दोगी।

ना जानें क्यों...

ना जानें क्यों...

तुम्हें याद कर मुस्कुरा देती हैं ये भीगीं आँखें।
तेरे लबों से चंद हँसी चुरा लेती हैं आँखें।
हर लम्हा झूमने लगता है अल्हड़ सी मस्ती में।
ज़िंदगी नाचती गाती है मन की उन्मुक्त मस्ती में।

ना जानें क्यों...
घुल जाता हूँ मैं बारिश की बूँदों में।
बहता चला जाता हूँ समंदर की स्वच्छंद तरंगों में।
तेरे ख़याल से ही स्नेह-सिक्त हो उठता है मन मेरा।
उत्सव मनाता है मन, पुलकित हो जाता है तन मेरा।

ना जानें क्यों...
जब भी देखता हूँ तुझे ख़यालों में।
ज़िंदगी भर उस एक ख़याल में जीने को जी करता है।
जब भी देखता हूँ तेरा खिला-खिला मासूम सा चेहरा,
हाथ बढ़ा तुम्हें छू लेने को जी करता है।

ना जानें क्यों...

जब भी मुस्कुराती हो तुम तो वक़्त बहने से रोक लूँ ये
जी करता है।
जब चलती हो लहराकर कर तो थाम लूँ तेरा हाथ ये
दिल कहता है।
ज़िंदगी का पल-पल तेरी पलकों की छाँव में गुज़रे,
ख़यालों में सही, बस तेरे साथ रहूँ ये मेरा मन करता
है।

आज फिर तेरी याद आई है…

आज फिर तेरी याद आई है।

आज फिर तेरी याद आई है।

तेरे लबों ने कान में कुछ गुनगुनाया है।
तेरी भोली सी बातों ने फिर मुझको हँसाया है।
तेरी चुलबुली यादों ने दिल गुदगुदाया है।
तेरी इन रेशमी ज़ुल्फ़ों ने फिर बरगलाया है।
बीते किसी लम्हे ने फिर ली अँगड़ाई।
आज फिर तेरी याद आई है।

तेरा मेरी गुस्ताख़ियों को बख़्श देना।
वो मेरी नादानियों पर हँस देना।
यूँ हँसना तेरा मेरी जान पर बन आया है।
जिस चहेरे के नूर पर कई चाँद ज़ाया हैं।
आज फिर वो शरबती आँखें मुस्कुराई हैं।
आज फिर तेरी याद आई है।

तेरी एक नज़र के लिए झरोखों तक से प्यार हो गया।
मेरा दिन बन जाता था अगर तेरा दीदार हो गया।
तू जो दिखे तो आँखों में बसा लूँ तुझे
तूने औझल हो इन्हें बेरंग-ओ-बेनूर कर दिया
फिर एक झलक को ये आँखें पथराई हैं
आज फिर तेरी याद आई है।

कई चरागों ने रंजिशें की हैं तुमसे।
कई सितारों की साज़िशें भी हैं।
हर जुगनू और गुल को शिकायत है तुमसे।
तेरे हुश्न की आज़माइशें भी हैं।
ना जाने तुझसे ये कैसी रहनुमाई है।
आज फिर तेरी याद आई है।

भले मेरी हर उलझन को सुलझा दिया तुमने।
पर अपने ही तिलस्म में उलझा लिया तुमने।
तेरा ना होना कुछ भी ना होने जैसा है।
और तेरा होना जैसे सब कुछ पा लिया हमने।
दिल के किसी अँधेरे कोने में फूटी रोशनाई है।
आज फिर तेरी याद आई है।
आज फिर तेरी याद आई है।

सौ आफ़ताब

उनके चमकते चेहरे पर सौ आफ़ताब रखे हैं...
झील सी आँखों में झिलमिलाते हज़ारों ख़्वाब रखे हैं...
तिलस्मी मैकदा आँखों में सवाल बे-हिसाब रखे हैं...
और उनपर ख़ूबसूरत पलकों के गहरे नक़ाब रखे हैं...
होंठों की लरज़िश का क्या कहें, लगता है झूमते गुलाब
रखे हैं...
छू लो तो होश-ओ-हवास ना रहे, मानो जाम-ए-शराब
रखे हैं
मेरे दिल में बेतरतीब जज़्बात नाकामयाब रखे हैं...
उसकी बेपनाह ख़ामोशी में दफ़्न उनके जवाब रखे हैं...
वो बोलें तो समझ पाएँ इस हसीन कशमकश का
सबब...
ना जाने उनके दिल में कौन से उबलते इंक़लाब रखे
हैं...

वो आँखों से पिलाती हाला है...

अपनी ही उधेड़बुन में बढ़ा जा रहा था,

लक्ष्य से अनभिज्ञ मैं कहाँ जा रहा था।
उलझी सी ज़िंदगी को मैं सुलझा रहा था,
ख़ुद को ना जाने क्यूँ मैं बहला रहा था।
दमन भावनाओं का कर उन्हें कारागृह मैं बन्द किया।
तिमिर आवरण से घिर बैठा, जैसे कोई बुझा दिया।
कोई नहीं था, जिसे कह पाता मेरे पर क्या गुज़र रहा।
हँसता हूँ हर पल, मैं लेकिन अंदर-अंदर बिखर रहा।

तभी किसी ने दस्तक दी, तोड़ दिये कारागृह के ताले।
मुझे उठाकर गले लगाया, पसर गये चहुँओर उजाले।
पास बैठकर उसने, बड़े प्यार से प्रश्न किया।
क्यों उदास है तेरा मन, जैसे कुछ तेरा छीन लिया।
पाकर उसका आत्मीय स्पर्श, दुख का प्रपात भी फूट पड़ा।
कण-कण एकाकी है मेरा, मैं कहते-कहते बिलख पड़ा।
भरकर अपनी बाँहों में मुझको, पोंछ दिये आँचल से आँसू।
देखो ज़रा सँभालो इनको, मोती हैं आँखों के आँसू।
तभी फ़ोन की घंटी ने मेरे दिवास्वप्न को भंग किया।
अनजाने नंबर से किसने, इसी समय में तंग किया।
अब, मेरे ख़्वाबों में वो, अक्सर आया करती है,
मैं तकता रहता हूँ उसको, वो मुझे लुभाया करती है।
वो बातें बहुत बनाती है, पर कुछ कहने से कतराती है।
अपना रिश्ता है अद्वितीय, यह कह कर वो इतराती है।
मिलकर तो रिश्ते बने कई, हम आओ यूँ ही निभाते हैं।
अपने-अपने मानस पटल पर, एकदूजे के चित्र बनाते हैं।
मैंने अपने हृदय में उसका सलोना सा चित्र उकेरा है,
कल्पना की तुलिका से मैंने, मनचाहे रंग बिखरे हैं।
लगता है ख़ुदा ने ख़ुद आकर, उसका वो रूप तराशा है,
जी भरके उसको तकता रहूँ, बस यही एक अभिलाषा है।
वो सोनजुही, वो रूपमती, यौवन ही जिसका गहना है,
भोली-भाली सूरत जिसकी, पटियाला जिसने पहना है।

रेशम सी काली ज़ुल्फ़ें, उसके कटि-प्रदेश तक आती है
कुछ बिखरी लटें उड़कर, उसके चेहरे को छू जाती हैं।
तीखे-तीखे नाक-नक़्श जैसे कोई कटारी है,
मैं तो घायल हूँ ज़ालिम, अब मरने की बारी है।
झील सी गहरी आँखों में काजल उसने डाला है।
ख़ुद को मैं सँभालूँ तो कैसे? वो आँखों से पिलाती हाला है।
वो आँखों से पिलाती हाला है।

सीतमग़र

तू सीतमग़र है, कि सितम कम नहीं करती,
तू सीतमग़र है, कि सितम कम नहीं करती,
तू तड़पाती है बे-रहम, रहम नहीं करती
जलाती है बहुत, तू कोई मरहम नहीं करती,
तुझे यकीन है इस कदर, कि तू वहम नहीं करती
जान लेती है सफाई से यूँ कि ज़ख़्म नहीं करती
मोहब्बत करती है मगर, ख़बर एकदम नहीं करती

अधूरा क़िस्सा

तेरी बातों की भूल-भुलैया में, मैं अक्सर खो जाता हूँ
लेकिन ग़र तू चुप हो जाए तो मैं तेरी चुप्पी से डर
जाता हूँ
तुझे पता है कैसे बहलाना मुझको
तेरे ही ज़िम्मे है गले लगाना मुझको

तू ना दिखे तो मैं अपने हाथों की लकीरों से उलझ
जाता हूँ
दिख जाए तो तेरी झील सी आँखों के भँवर में उलझ
जाता हूँ
तू वाक़िफ़ है मेरी उलझन तमाम से
तेरा ही काम है सुलझा कर उलझाना मुझको

तू कभी भी "कट्टी" कह कर फ़ोन काट देती है बेरहमी
से
मैं तुझे "बट्टी" करने के लिए तेरे घर तक जाता हूँ
भरी गर्मी में

तेरा जगना...जैसे महफ़िल अपने उरूज़ पर
तेरा सो जाना...जैसे ख़ामोशी दूर-दूर तक
मेरी नींद की दुश्मन...ख़ुद सो जाती है चादर तान के
मुझे दे जाती है हसीन सपने और रतजगे उधार के
तू जानती है मेरी आँखें क्यों भारी हैं
ये तेरे ही ला-इलाज इश्क़ की ख़ुमारी है

तेरी आहें मेरी तड़पन को बयान करती हैं
तेरी साँसें मेरी धड़कन को जवाँ करती हैं
तेरे आँसू मेरी आँखों में उतर आते हैं
तेरी हँसी मेरे चेहरे पर खिला करती है
तेरी सिसकियाँ मेरे दर्द की गवाही देती हैं
तेरी हिचकियाँ मेरी यादों को सदा देती हैं

मेरे दर्मियान ही है तेरा ठिकाना
तेरी ही डोर से बुना है मेरा ताना-बाना
ये ज़िंदगी है तेरा-मेरा एक हसीन फ़साना
फ़िर से मिलने का आ ढूँढें एक बहाना

एक अधूरा मगर प्यारा सा क़िस्सा है तू।
महरम है मेरा, मेरा ही हिस्सा है तू।

जाम-ए-ग़म

बिखरे वक़्त को समेटना मुमकिन नहीं
नामुमकिन है वक़्त के दिये ज़ख़्म छुपाना कहीं
वो याद दिल से मिटाऊँ कैसे?
अश्क बन पलक पर आ ही जाती है
दर्द-ए-दिल की आवाज़ दबाऊँ कैसे?
एक आह हलक से आ ही जाती है
उनकी नज़रों से बचूँ कैसे?
बन्द आँखें भी झलक दिखला ही जाती हैं
जाम-ए-ग़म को सँभालूँ कैसे?
कम्बख़्त साँसें ही इसे छलका जाती हैं

कहानी कमाल लिखूँ

मन करता है किसी दिन...

तेरी-मेरी कहानी कमाल लिखूँ

वक़्त को रोक लूँ जो तू करीब हो,
और हर पल को एक-एक साल लिखूँ

पल-पल तेरे साथ गुज़रे
हर फसाना बेमिसाल लिखूँ

तू किसी ख़्वाब सी मुकम्म्मल हो
मैं एक फ़िरदौस सा ख़याल लिखूँ

तेरी मुस्कान में पोशीदा हैं सारे जवाब
तू जवाब दे तो मैं सवाल लिखूँ

मेरी ज़िंदगी बेरंग है तेरे बिना
तुझे होली लिखूँ या रंग-ए-गुलाल लिखूँ

गर कोई पूछे नूर क्या है?
मैं तुझे हुश्न-ए-जमाल लिखूँ

पुर कशिश है ज़र्रा-ज़र्रा तेरा
तुझे फ़साद लिखूं या बवाल लिखूँ

इंकलाबी हैं मेरे जज़्बात भरसक
मेरे यार मैं तुझे लाल-सलाम लिखूँ

उसकी आँखों में बेइंतहा प्यार दिखा

जहाँ तक गई नज़र मेरी, मुझे बस मेरा हसीन यार
दिखा
लोगों ने कहा वहम है तेरा! मगर मुझे मेरा महरम कई
बार दिखा

उसने पास आ कर मेरे कान में गुनगुनाया है वो गीत
जिसमें हर दौर के रांझे ने अपनी हीर का इंतज़ार
लिखा
उसकी भीनी ख़ुशबू आब-ओ-हवा में घोल रही है नशा
मदहोश हैं मेरे होश, उसका एक चेहरा अब चार-चार
दिखा
मैं कैसे बयॉं करूँ बेपनाह ख़ुशी दिल की
मैं तो मर-मिटा जब मेरी हथेली पर उसने अपनी
नाज़ुक उँगलियों से अपना नाम लिखा

उसके लब...दिलकश, नरम और हसीन—एक
तबस्सुम ही काफ़ी थी
फिर उनकी नमी और स्वाद मेरी रूह में उतर गया
पान के गुलकंद सरीखा
क्या कमाल की आँखें हैं उसकी, सब कुछ कह देती हैं
और मुझे बस उसकी आँखों में बेइंतहा प्यार दिखा

मेरी याद तो आती होगी...

उसको मेरी याद तो आती होगी
जब करवटें बदलती होगी, नींद ना आती होगी
जिस हाथ को छू लिया था मैंने...
उस हाथ को एकटक निहारती तो होगी
जब नींद ने पलकों को मून्दा होगा...
वो मेरा एक ख़्वाब सजाती तो होगी
जब भी आईना देखती होगी...
उसके अक्स में मेरी झलक आ जाती होगी
जब भी आँजती होगी काजल अपनी आँखों में...
स्याह नम आँखों में मेरी भटकन दिख जाती होगी
कुछ चिट्ठियों में गीत लिख भेजे थे मैंने...
अक्सर वह मुझको गुनगुनाती तो होगी
गाल के डिंपल को देख मुस्कुराती होगी
डिंपल नहीं कातिल है यह सोच इतराती होगी
कान में झुमके पहन उन्हें झुलाती होगी
मेरी सांसे उसे छू गुदगुदाती तो होंगी

जब भी कोई लट उड़कर उसके चेहरे पर आती होगी
उसे जब वह कान के पीछे अटकाती होगी
तब तो मेरी याद उसे आती होगी
तब तो मेरी याद उसे आती होगी

एक बार...

भीगी सी गुलाबी बोझिल पलकें,
रोशन चमकती कत्थई पुतलियाँ,
मासूम और शैतानी से लबरेज़
ये आँखें एक हसीन झील सी हैं,
मुझे इनमें डूब जाने दो...एक बार!

तुम जहां कहीं भी रहो,
यारा, मुझे तो अक्सर यहीं नज़र आती हो
जहां छोड़ गई थी एक अरसे पहले
मैं वहीं खड़ा हूं आज भी...कि कभी
बस मुड़ कर देख लो तुम...एक बार!

ता-उम्र जीना चाहता हूँ उन पलों में
जो गुज़रे तेरे साथ किसी हसीन फ़साने की तरह...तेरी
गलियों की खाक छानते हुए,
आज मैं चला तेरा शहर छोड़...
आके अपनी बाँहों में भर लो ना...एक बार!

कभी "तुम" सोने नहीं देती,
कभी "तेरी" यादें तड़पाती हैं...
तेरे बिन ये रातें सदियों लम्बी हो जाती हैं,

मैं सोया नहीं एक ज़माने से
अपनी गोद में सर रख, सुला लो...एक बार!

तुझसे मिल कर खो जाना
तेरे दरमियान ख़ुद से मिल जाना
ये कैसी अबूझ पहेली हो तुम
तेरे बंधन भी लगते आज़ादी है
बाँध लो अपने साथ और मुझे रिहा कर दो...एक बार!

ये आँखें टिकी है तेरी राह में इस कदर
नहीं खोना चाहती एक पल भी तेरे दीदार का
बेज़ार नज़रों पर कुछ तो तरस खाओ,
निकलो अपने कूचे से...
आ जाओ, हम से मिल लो...एक बार!

तेरी तबस्सुम भी क्या कमाल है जी
यूँ लगता है किसी शायर का ख़याल है जी
गुलाबी लबों की ये रंगत,
ये मुस्कान बख़्श दो मुझे भी...
छू लो मेरे लबों को...एक बार!

तेरे चेहरे पर रुक जाती है नज़र
इनमें मेरा ही कोई अक्स झलक जाता है
इससे पहले कि रफ़्ता-रफ़्ता ओझल हो जाए मेरा वो
अक्स
जी भर के देख लेने दो...एक बार!

तेरी कहानियों में ना जाने कब रात गुज़र जाती है
तेरे ख़्वाबों में ही सुबह हो जाती है

सोते-जागते बस तुम हो हर पल में
होले से मेरे कान में कोई अनकही कह दो ना...एक
बार!

मैं यहीं बस जाना चाहता हूँ तेरे दिल में
तेरी ही परछाई बन के चलना चाहता हूँ तेरे साथ-साथ
मुझे कहीं मत जाने देना
बस पुकार लेना...एक बार!

कहाँ थी तुम इतने अरसे से
कितना वक़्त लगा दिया मुझसे मिलने में
मैं सालों से तेरी ही राह देख रहा हूँ
दफ़्न कर अपने सारे जज़्बात, हँसता रहा
आज मुझे अपने गले लगा, रो लेने दो...एक बार!

तेरे लंबे बालों को गूँथ दूँ मैं
आ लगा दूँ "नैल-पैंट" तेरी पतली ख़ूबसूरत उँगलियों
पर
थक गई होगी ना?
आजा तेरी सुघड़ सी गर्दन और कमर दबा दूँ ज़रा
तेरे बदन पे इन उँगलियों को बहक जाने दो...एक बार!

मैं चिल्ला कर बता देना चाहता हूँ...इस ज़माने को
कि मुझे तुझसे मोहब्बत है।
और तेरे कान में धीरे से फुसफुसा देना चाहता हूँ...
कि मुझे तुमसे प्यार है...
मुझे ये सब कह लेने दो...एक बार!

किसी झूले पर बैठ तुझसे बातें करूँ रात भर

शहर की गलियों में फिरूँ...कुछ अच्छा सा खाने को
बहुत सम्भला हूँ मैं सालों तक
पर अब, मचल जाने दो मुझे...एक बार!

जाने कब तक याद आओगी?

वो आँखें जिनमें…मैं रहता था
वो यार जिसे…मैं सब कुछ कहता था
वो हँसता चेहरा, भोली बातें
वो लम्बे दिन और छोटी रातें
मेरे कॉलेज की वो सड़कें
याद करूँ और दिल ये धड़के
कॉलेज के फ़ेस्ट में "भूमि" का गाना
वो कॉफ़ी की ख़ुशबू, तेरा मिलने आना
वो आर्चीज़ के कार्ड्स में लिखी कविताएँ
पनीर ज़ाल-फ़्रेज़ी जो मन ललचाए
बीसवाँ साल लग गया है आज
उसी कैफ़े की कोने वाली टेबल पर बैठा हूँ…
बताओ ना, कब तक आओगी?
जाने कब तक याद आओगी ?
जाने कब तक याद आओगी?

काश

काश मैं बारिश की एक बूँद होता।
तेरे सर पर गिरता,
ढलकता तेरे बालों की लटों से गालों पर।
छूता तेरे सूर्ख काँपते होंठों को।
फिसलता तेरी सुघड़ सी ठुड्डी से
सुराही जैसी गर्दन पर बहता।
और खो जाता तेरे आँचल में।
काश मैं बारिश की एक बूँद होता।

ये बीसवाँ साल है...

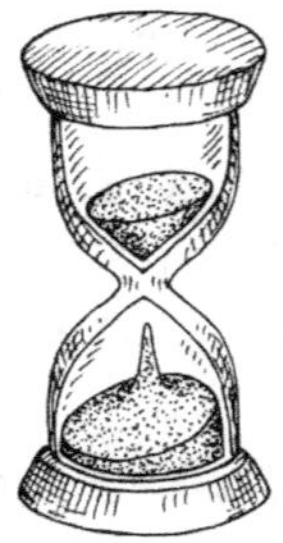

हमारे प्यार का ये बीसवाँ साल है
तब से अब तलक बस तेरा ही ख़याल है

सब कुछ बदल गया...इन सालों में...
मैं, तुम, शहर, हालात...दोस्त-यार...
बस अगर कुछ नहीं बदला तो ये तेरे-मेरे दरमियाँ का
प्यार...
उस दिन जो हाल था आज भी मेरा वही हाल है...
तब से अब तलक बस तेरा ही ख़याल है
हमारे प्यार का ये बीसवाँ साल है

आज भी जब नीले आसमान की पैशानी पर चमकता
चाँद आता है...
तेरा खिला-खिला सा चेहरा आसमान के फ़लक पर
उतर आता है...
जब कभी कोई नाचता-फुदकता कोई गाना गुनगुनाता
है...
मुझे मस्ती में झूमता वो नायाब शख़्स बड़ा याद आता
है...

तब भी तुम बे-मिशाल थी आज भी तू कमाल है।
तब से अब तलक बस तेरा ही ख़याल है
हमारे प्यार का ये बीसवाँ साल है

तेरी आँखों की झील में लहरती वही मौज-ए-शराब है
तेरे नूरानी चेहरे पर छिटका वही रंग-ए-गुलाब है
उफ्फ ये अदाएं, ये गुरूर, और अंगड़ाई लेता वही
शबाब है
सरगोशी है हवाओं के दरमियाँ…की आने वाला
सैलाब है
तुझे देख फिर मेरे दिल का बुरा हाल है…
तब से अब तलक बस तेरा ही ख़याल है
हमारे प्यार का ये बीसवाँ साल है

जैसे पहले पहले प्यार की पहली मुलाकात हो
उखड़ी है सांसे, और ये दिल बे-ताब है
यकीन मुझे आज भी नहीं होता…गर तू सामने हो
तू सच है या अल-सुबह का एक सुहाना सा ख़्वाब है?
वो भी बसंत था और आज भी उड़ रहा गुलाल है

तब भी तुम ख़्वाब थी और आज भी बस ख़याल है
तब से अब तलक बस तेरा ही ख़याल है
हमारे प्यार का ये बीसवाँ साल है

ये इश्क़ जैसे कोई ठिठुरती सी सुबह है
और तुम जैसे कोई उबरता गुनगुना सूरज
फिर तेरी आंखें…जैसे कोई मर्ज़ ला-इलाज़ है
तेरी शरबती आँखों में जो छोड़ आया था अरसे
पहले…आज भी मेरा वही सवाल है,

कि तुम भी सोचती हो मुझे भी…या बस मेरा ही ये हाल है
तब से अब तलक बस तेरा ही ख़याल है
हमारे प्यार का ये बीसवाँ साल है

जाने दो...

मैंने ख़्वाब बुने हैं तेरी ज़ुल्फ़ों के
मुझे अपनी रेशमी ज़ुल्फ़ों में उलझ जाने दो
तेरी आँखों में ता-उम्र रहना है मुझे
मुझे अपनी पलकों की गिरफ़्त में रह जाने दो
तेरे चेहरे को तकते-तकते ख़ुद को भुला बैठा हूँ
जी भर देख लेने दो, मुझे बेख़ुदी में गुज़र जाने दो
गाल पे इतराता काला तिल भटका देता है मुझे
थाम लो मेरा हाथ और संभल जाने दो
मुझे कुछ कहना है एक अरसे से तुझे
अपने कानों के झुमकों से झूल जाने दो
सुर्ख़ होंठों की लर्ज़िश बेसुध करती है
छू लो मुझे... और टूट कर बिखर जाने दो

सर्द रात में पश्मीना सी हो तुम
मुझसे लिपट कर सो जाने दो...
तेरे इश्क़ में सराबोर हैं हम
बारिश में बेपनाह पिघल जाने दो...

तुम मेरी तनहाइयों में साया बन चलती हो
मुझे भरी महफ़िल में तन्हा रह जाने दो...
तुम मेरे हर लम्हे से गुज़रती हो...
यूँ ही ये लम्हा भी गुज़र जाने दो...
सब भूल जाऊँ तो भी तुम ही याद रहती हो
बस तुम रहो यहाँ और सब भूल जाने दो...

नाज़ुक पश्मीना

उसका चेहरा—खिला-खिला चाँद
उसका नूर—देख शर्मा गया चाँद

उसकी आँखें—दो मैखाने
उनमें क्या हैं—ख़्वाब सुहाने

उसकी पलकें—भीगे परदे
उनकी शरगोशी—पागल करदे

उसकी ज़ुल्फ़ें—रेशमी फंदे
उनका बिखरना—मार दे बंदे

उसके लब—भीगे गुलाब
उनकी लर्ज़िश—मस्ती बे-हिसाब

उसकी मुस्कान—दिलकश कातिल
उसका असर—लुट गया दिल

उसकी गर्दन—हसीन सुराही
उसमें हार—कहकशाँ उतर आई

उसकी बाँहें—नाज़ुक पश्मीना
मैं क्या चाहूँ—उनमे सिमटना

क्या है उसकी आँखों में?

पूरब की लाली
धुंधली सी सुबह
तपती दुपहरी

डूबता सूरज
संदली सी शाम
खुला आसमान
पूनम का चाँद
झिलमिलाते तारे
सब कुछ है उसकी हसीन आँखों में
एक पूरा दिन है उसकी आँखों में

सूखा पतझड़
सुहाना बसंत
प्यासी गर्मी

बरसता सावन
ठिठुरती सर्दी
और झूमता फागुन
सारे मौसम हैं उसकी सतरंगी आँखों में
एक पूरा साल है उसकी आँखों में

मासूम सी चहकती बच्ची
शरारती खिलखिलाती किशोरी
इठलाती, इतराती तरुणाई
एक जवानी से लबरेज़ हसीना
एक दिलकश दिलरुबा
एक लड़की बड़ी संजीदा
सब लुभाने रूप हैं उसकी फरेबी आँखों में
हर सख़्श है उसकी आँखों में

आसमाँ से ऊँचे सपने
एक गहरा अथाह दरिया
अनगिनत तारों की चमक
असीम अंतरिक्ष सा ख़ालीपन
हजारों पंछियों का कोलाहल
असंख्य फूलो की रंगत
बेसुध करता नशा
ये सब कुछ है उसकी नशीली आँखों में
ये सारा संसार है उसकी आँखों में

एक और ख़त

दिल की बे-ताबी,
आँखों की बे-चैनी
सालों की बे-ख़याली, और
हर एक अनकही अनसुनी
को कभी बयाँ किया है?
क्या कभी किसी को ख़त लिखा है?

मैंने लिखें हैं…अनगिनत ख़त उसको
कागज़ पर दिल रख कर भेजा है उसको
ख़त, जिसमें पहली मुलाक़ात का ज़िक्र है
ख़त, ये कि…कितनी मुझे तेरी फ़िक्र है
ख़त, कि तुम मुझे कितनी अच्छी लगती हो
ख़त, कि तुम मेरी ही रूह में रहती हो
ख़त, कि कैसे मैं मुस्कुरा देता हूँ उस पल को याद कर
जब मिली थी नज़रें तुमसे…

ख़त, कि मैं अपना दिल खो आया उस पल में और
बे-इंतेहा मोहब्बत की है तुमसे...
ख़त, कि तेरी आँखों में अपना चैन-ओ-सुकून भूल
आया हूँ मैं...
ख़त, कि याद आती हो तुम...एक हिस्सा अपना तेरी
बाहों में छोड़ आया हूं मैं...
कभी मैं तुझसे, तो कभी मुझसे तेरा दामन महका है...
ख़त, कि मैं क्यों रोया...और कब मेरा दिल चहका है...
ख़त, कि तुम सब तरफ दिख जाती हो मुझे
तुम सच हो या कोई नशा हुआ है मुझे
ख़त, कि ख़ुदा ने आसमाँ के फलक पर चाँद टांका है
या फिर मेरा महबूब झरोखे से झाँका है...
कभी चाँद में तुम तो कभी तुझमें चाँद दिखता है...
हर हर्फ़ आयत, हर लफ़्ज़ इबादत और हर ख़त गीता
सरीखा है...
ख़तों में मैंने तुझे जिया है...और इनके सहारे जीना
सीखा है...
हर ख़त में तेरे अक्स को उकेरा है...और तुझे रब
लिखा है...
कभी रब में तुम तो कभी तुझमें रब दिखा है...

मेरे रब, मेरे महबूब
दिल की बे-ताबी,
आँखों की बे-चैनी
सालों की बे-ख़याली, और
हर एक अनकही अनसुनी
को बयाँ करने के लिए
ये एक और "ख़त" लिखा है...

www.ingramcontent.com/pod-product-compliance
Lightning Source LLC
LaVergne TN
LVHW011035200726

843509LV00011B/1285